AF406367

CLARIVIDÊNCIA

Das Profundezas e Das Alturas

neusa

contraescrita

CLARIVIDÊNCIA

CLARIVIDÊNCIA
Das Profundezas e Das Alturas

neusa

Com edição de:

Filipe Faro da Costa

Contra Escrita

Edições

2021

Autora: Neusa Veloso

Editor: Filipe Faro da Costa

Título: Clarividência

Sub-Título: Das Profundezas e Das Alturas

Coleção: Poetas Livres

Volume: Um

Revisão: Filipe Faro da Costa (4 de março 2021)

Ilustração de Capa: ContraatircsE

Design de Capa e Interior: ContraatircsE

Produção: ContraatircsE

1ª Edição – 1 março 2021

Local de Publicação: Portugal (Arcos de Valdevez)

AO 1990

Depósito Legal: 479406/21

ISBN: 978-989-54721-4-7

Contacto para encomendas a retalho: ContraatircsE@gmail.com

CLARIVIDÊNCIA
Das Profundezas e Das Alturas

ÍNDICE

DEDICATÓRIA

A quem me feriu e a quem me curou.

A quem me matou e a quem me ressuscitou.

A quem perdoei e a quem me perdoou.

A quem vê além, e a quem não vê, mas verá.

neusa

AGRADECIMENTOS

À Contra Escrita.

À minha mãe e ao meu pai.

À minha mãe italiana, A.

À POESIA.

neusa

PREÂMBULO

Clarividência, a primeira obra una publicada de Neusa, um achado e um privilégio. Enquanto leitor, e inevitavelmente editor, encontrei os escritos de Neusa pousados no seu blogue. Pese saber que Neusa tinha alguns poemas soltos publicados em antologias onde se incluíam diversos poetas, não compreendia como ela não tinha ainda decidido publicar-se efetivamente com um livro da sua autoria. Vos admito, numa noite de devaneio arrisquei abordar Neusa sobre a sua relação com a Poesia, e sobre a possibilidade de ela publicar um livro. Bem-dita essa noite de devaneio.

Não poderia introduzir-vos a esta obra sem que houvesse lugar a um mote com caráter de descrição pessoal, sobre a minha descoberta do ser humano e da sua alma poética expressada num modo semicénico e protonarrativo.

Neusa é para mim uma poetisa especial, conheço-a da adolescência de ambos e surpreendeu-me no primeiro segundo que a conheci, não era muito vulgar para mim encontrar alguém que se dedicasse à escrita poética e o admitisse, menos ainda entre as raparigas. Recordo esse primeiro segundo em que uma amiga comum ma apresentou: "Esta é a Neusa. Bonita, não é? Ela também escreve como tu!". Neusa sorriu, fechou levemente seus olhos, encolheu os ombros com vergonha ligeira e retorquiu: "Oh! Escrevo umas coisas, umas coisas sem jeito nenhum." Lembro-me disto hoje tão claro e transparente como uma água de nascente, e tenho nos meus olhos o brilho sentido de o recordar como se fosse hoje, vestia ela uma camisola de gola larga com riscas azul-marinho horizontais sobre o algodão branco, pendendo no seu ombro esquerdo, e um sorriso radiante e esplendoroso, mas ao mesmo tempo de uma simplicidade emocionante.

O que Neusa aqui nos traz é um presente da sua existência, do seu Ser Poético. Desde as Profundezas até às Alturas, Neusa descreve-nos o deambular da vida entre o sentimento de abandono e a busca permanente da conquista do amor, e, no entanto, impõe a dúvida constante sobre o que esse realmente é, da sua incerteza perante o amor, e de como a poetisa o revela aos seus interlocutores.

Do ponto de vista de estilo, Neusa escreve em verso livre prosaico, na linha modernista feminina com uma visão quotidiana das vivências e reveladora de um certo ceticismo perante o mundo, desenvolvendo a melancolia e implementando um cunho religioso, que me recorda uma poetisa brasileira que muito aprecio, Adélia Prado, nomeadamente da sua *magnus opera*: "Bagagem" (1976). Com emoções da circunstância e do acaso, Neusa apresenta-nos uma poesia plena de impressões narrativas, memórias e subjetividades, proporcionando ao leitor o conhecimento do ambiente que a rodeia e que circunscreve o momento de escrita de cada um dos seus poemas.

Nesta obra incluíram-se também alguns dos seus desenhos, uma expressão visual e poética dos pensamentos e exercícios de compreensão da autora.

Este livro, produto da obra de Neusa, é fruto de um diálogo imenso e contínuo que conseguimos estabelecer e manter a uma distância continental, partilhando experiências e Poesia numa época de pandemia mundial e confinamento.

Somos uns privilegiados por termos aqui a sua Poesia no suporte que lhe é digno e devido, e por a podermos ler.

philipe pharo

EPÍGRAFE

*Vozes de uma dama desvanecida de dentro de uma sepultura que fala
a outra dama que presumida entrou em uma igreja com os cuidados de
ser vista e louvada de todos; e se assentou junto a um túmulo que tinha
este epitáfio que leu curiosamente.*

*Ó tu, que com enganos divertida
Vives do que hás-de ser tão descuidada,
Aprende aqui lições de escarmentada,
Ostentarás acções de prevenida.*

*Considera que em terra convertida
Jaz aqui a beleza mais louvada,
E que tudo o da vida é pó, é nada,
E que menos que nada a tua vida.*

*Considera que a morte rigorosa
Não respeita beleza nem juízo
E que, sendo tão certa, é duvidosa.*

*Admite deste túmulo o aviso
E vive do teu fim mais cuidadosa,
Pois sabes que o teu fim é tão preciso.*

*Sóror Violante do Céu (1601/2 – 1693)
in, Parnaso Lusitano de Divinos e Humanos Versos (1733)*

CLARIVIDÊNCIA

INTRODUÇÃO

Penetrar do olhar nas profundezas, levantá-lo e abri-lo ao horizonte e além. Uma visão clara e abrangente, contempla o visível e o invisível.

Caminhar neste mundo é escutá-lo, e escutar-se, para poder Ver.

Os versos aqui revelados são fruto dessa escuta, expondo as dores que nos consomem, os medos fundamentais que nos assolam, as mortes que enfrentamos nesse processo contínuo que é crescer. Dessa escuta emerge ainda a experiência da beleza, do amor e do sagrado, elementos essenciais à vida.

Clarividência é a expressão do ciclo vida-morte-vida, que habita em cada um de nós; a expressão de uma voz feminina em busca da autenticidade e do seu lugar no mundo.

neusa

8

PARTE I
DAS PROFUNDEZAS

CLARIVIDÊNCIA

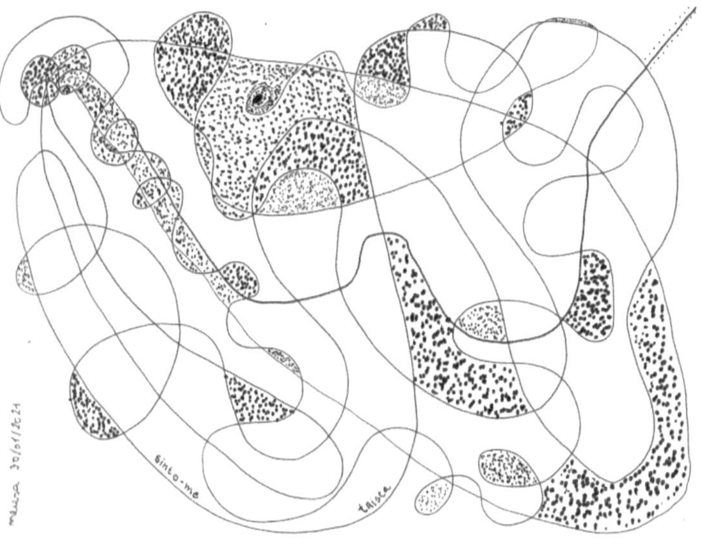
sinto-me
taísca

neusa

[Escrito a 24 de fevereiro de 2008
ao som de *Spiegel im Spiegel*, Arvo Pärt]

Abandono

Esta tarde fechei a persiana
escondi-me na cama
enclausurei-me nos cobertores.
No seu ventre materno
revelei a minha dor,
a minha tristeza e incompreensão.
Lavei-me com lágrimas
enquanto a música tocava,
tocava dentro de mim
ressoava
e eu chorava,
chorava e chorava.

Esta tarde fechei a persiana
escondi-me na cama
enclausurei-me nos cobertores.
Clamava-te como salvador
do meu desespero solitário.
Todavia, sabia que não virias,
que, na verdade, nunca vieste,
que continuas a ser ilusão
do meu coração.

E a música tocava,
tocava dentro de mim
ressoava
e eu chorava,
chorava e chorava.

Esta tarde
fechei-me num quarto escuro
numa cama sombria
procurando o calor do toque humano,
a compreensão permitida pelo amor,
o refúgio do bem-amado.
O que encontrei
foi a minha alma em pedaços
reminiscências do passado
ilusões quebradas
e um corpo abandonado.

neusa

[Escrito a 25 de fevereiro de 2008 ao som
de *Concerto for Violin and Orchestra*, Philip Glass]

Vertigem

Entraste a correr
Subiste as escadas
Fechaste-te no quarto
Abriste a janela
E com os braços abertos
Atiraste-te – como em sonhos –
De olhos bem cerrados
Nesse mar composto de
Altos e baixos
Graves e agudos
Dores imundas
Felicidades precárias.
Nesse mar,
Onde o belo existe
Mas também o feio,
Os segredos mais sórdidos
As mentiras mais cruéis
As palavras vazias
E os corações perdidos
Por causa do amor, dizem eles...

Entraste a correr
Atravessaste-me sem sentires
Que em mim pisavas
Que eu estava lá
E que te olhava,
Te estendia a mão,
O braço
E no fundo
Todas as partes do corpo
Mais a alma...
Fechaste-te no quarto.
Eu fechei-me em mim
E o mundo fechou-se a nós.
Os mares viraram lagos,
As florestas, parques urbanos,
O céu, uma tela azul exposta numa galeria.

Abriste a janela
E com os braços abertos
Atiraste-te, como em sonhos,
De olhos bem cerrados
Nesse mar composto de vida
E de morte,
Esses elementos que se tocam
E nos abraçam todos os dias.

[Escrito a 27 de fevereiro de 2008
ao som de *Loosin Yelav*, Luciano Berio]

Sono profundo

Dormes profundamente
sem que te atormentem
as desgraças intrínsecas
e ainda menos as extrínsecas.

Invejo-te essa paz,
senhora esbelta e luminosa
de ritmo perfeito:
nem muito depressa,
nem devagar demais.

Deito-me encostada a ti,
bem perto,
colada, incrustada,
e contrasto o meu coração
que bate acelerado
com o teu que descansa em paz.
Para sempre, diria...

[Escrito a 2 de outubro de 2012
ao som de *Rêve* do Trio Boréale, álbum Golem]

Valsa *à 5 temps*

Sabia que não virias
e mesmo assim
continuava a contaminar a sala
com os meus passos de dança
desenfreados
Via-te estampado nas paredes mortas
que se moviam impulsionadas
pelos meus movimentos giratórios
repetitivos
Levava-te a cada avanço
comigo
Sonho doce e destemido.

[Escrito a 8 de outubro de 2012
ao som de *21 Gramas*, Fol&ar]

Desnorte

Acordei uma manhã
na noite escura da tua vida
perdi-me no sopro lento
do teu coração ramificado.

Dores indizíveis.

Tantos braços
tantas vias
tantos encontros
distraídos.
Estrada sombria esta
a da tua vida.
Pegas-me pela cintura
fazendo-me girar
em sentidos proibidos...

E de um último sopro
deixas-me cair desarmada
na terra fria.

[Escrito em 2012 ao som de
Turbulences (scottish impaire), Parasol]

Dança temerosa

Dou-te a minha mão.
Esconde-me dentro do teu olhar
composto de notas musicais.
Esconde-me entre as tuas coxas
feitas de vibrações instrumentais.
Esconde-me na tua boca
forrada de lirismos intemporais.
Dou-te a minha mão.
Empurras-me no abismo
das paixões.
Lanças-me sem piedade
num deserto sem areia.
Deixas que a tempestade
me tome numa emboscada.
E deixas a minha mão.

[Escrito em 2012 ao som de *Violin Sonata n.4* de J.S. Bach,
interpretação de Glenn Gould e Yehudi Menuhin]

Sem limites de expressão

Tenho uma forma de escrever
Que se multiplica
Se divide
Se subtrai
Se adiciona
Sem regras
Nem respeito

Lembra-me aquele que ama sem ser amado
Que é amado por quem não quer
Lembra-me a luz que se apaga
Quando se espera que se acenda
A porta que se abre
Do lado em que se fecha

Todas estas confusões
São poesia
Mudança de linguagem
Do dia-a-dia

Mundo novo
Imaginação
E portanto
Não menos verdade
Que outras verdades
Ditas reais

CLARIVIDÊNCIA

Foi como daquela vez
Que me amaste efemeramente
Fazendo-me crer
Que era imortal o sentimento dado

Finalmente
Era eu a única a ver
Um sentimento eternizado

Mundo vasto em expansão
Mundo vivo sem lógica nem razão
Escrevo-te sem limites de expressão.

[Escrito em 2012 ao som de
La Paire de Saulxures, Grands-mères et Soufflets]

A vida *dans tous les sens*

Vida em círculos
Vida em elipse
Vida em linha reta
Vida tracejada
Em intervalos desviados
Vida concêntrica
Vida aberta
Que desconcerta
Vida minha
Vida tua
Vida dele
Vida dela
Vidas iguais
E desiguais
Que se cruzam
Que se afastam
Vidas que ficam
Que marcam

Realidades múltiplas
Lembranças dispersas.

CLARIVIDÊNCIA

[Escrito em 2012 ao som de *Tarantella del Gargano*,
interpretação de Brunella Selo & Daniele Sepe]

Pisas a terra com raiva

Danças com as entranhas
entre os demais.
Enterras vivos
os gritos dessas lutas infernais
de gente pouco humana,
pouco digna,
perdida num templo sem luz.
Arrancas as raízes putrificadas
de uma tradição que não existe mais.
Procuras o sentido da vida
na barriga inchada
da Terra Mãe.

[Escrito a 1 de maio de 2013
ao som do silêncio.]

Entre dois mundos

Mulheres sem cheiro
vindas do fundo do mar
Mulheres sem cabelo
vindas do centro da terra
Mulheres sem seios
vindas do alto lunar
Mulheres sem maneio
Mulheres sem história
Mulheres mortas
Fantasmas rodam a porta
abrem ferrolhos e janelas
sentam-se esperando
uma mão zelosa

(Isto passa-se num tempo sem espaço
e num espaço sem fim.)

CLARIVIDÊNCIA

A senhora da estrada

Passeando estrada fora
ouvi uma senhora cantar
que as almas deste mundo
eram feitas de substância amarga.
Quem as bebia, dizia,
cedo morreria de azedume.

Ouvindo história de morte sinistra no ar
aguçou-se-me o ouvido mouco.
Enchi-me de coragem no falar
e, especando-me à sua frente,
perguntei-lhe:
– Que coisas diz, minha senhora,
que me dá medo em vida estar,
de que me vale abrir os olhos cada dia
se a bebida que nos aguarda
é sem esperança no amar?

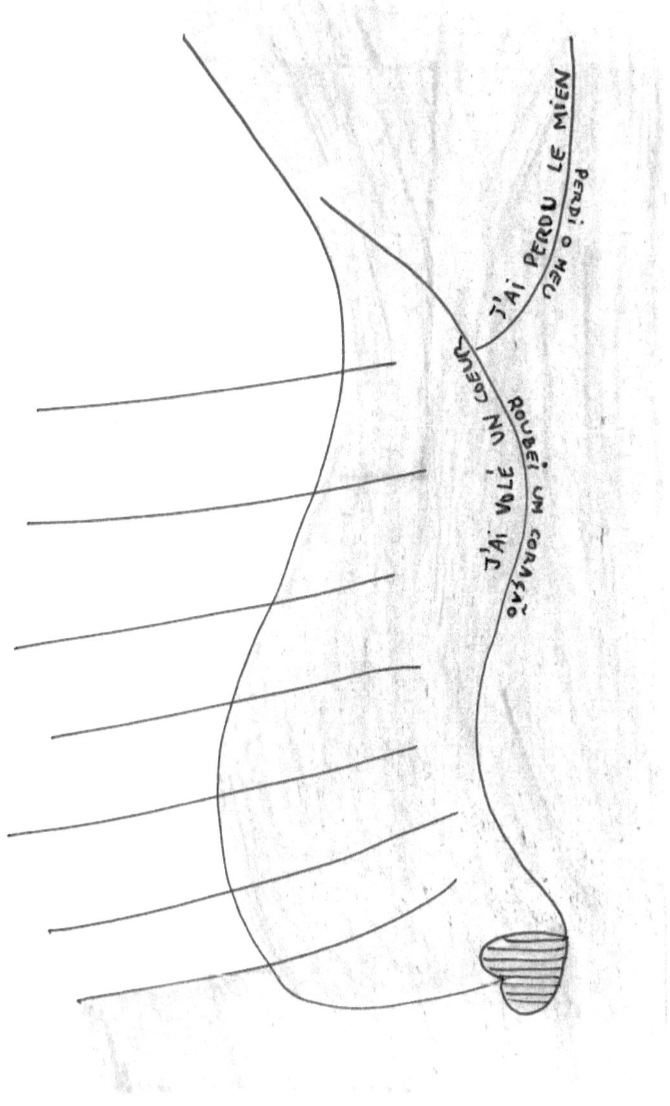

J'AI PERDU LE MIEN
PERDI O MEU
J'AI VOLÉ UN COEUR
ROUBEI UM CORAÇÃO

28

[Escrito a 11 de fevereiro de 2017
ao som do camião do lixo.]

Poema de jogar no lixo
ou talvez na reciclagem...

Não devias
SABES QUE NÃO DEVIAS:
    andar com a cabeça virada para baixo
    empurrar a comida pela guela abaixo
    entupir os orgãos internos de canções tóxicas.

PORRA, não devias,
mas É ISSO QUE FAZES!

ACHAS que o corpo é a lixeira municipal?
ACHAS que o fígado é imortal?

Pois NÃO é NÃO, cara SENHORA!

Isso de pensar que a vida não MORRE
    que o sol não EXPLODE
    que a TERRA não se inunda
    que os OCEANOS não se afundam.

É não ter NASCIDO
é não ter ABERTO ao mundo os sentidos
é TER passado por cá SEM ter existido.

[Escrito a 20 de maio de 2017
ao som do tilintar da dor.]

Aborto

As palavras que não escrevi
foram poemas que não existiram
abortos espontâneos a quem foi negada a vida
alimentos que se putrificaram.

[Escrito a 7 de junho de 2017
ao som de um acidente.]

Trinta e cinco anos

Morri quando tinha trinta e cinco anos
Morri de morte violenta
Aspiraram-me a memória:
o mundo tornou-se líquido e flutuante.

[Escrito a 29 de junho de 2017
ao som do murmurar de um segredo.]

A liberdade

A liberdade desfila, desliza, percorre, escorre,
enfia-se na carne
acapara-se das profundezas dum corpo
e deita-se soberbamente terna e viva
no mais recôndito dos espaços sem tempo.
Só aí ninguém ta pode roubar.

[Escrito a 14 de janeiro de 2018
ao som da fraqueza humana.]

Incompletude

Falta-me a lua
O silêncio da neve
A profundeza do mar
O abraço das ondas
A sabedoria das montanhas

Falta-me a inteligência das árvores
O instinto de sobrevivência dos animais

Resta-me a fraqueza dos homens*.

* seres humanos

[Escrito a 30 de abril de 2018
ao som da melancolia.]

A melancolia no regaço

Quando a melancolia
decidiu tomar demora em mim
eu disse-lhe que sim.

Pensá-la errante
num país sem fim

passando dias e dias
numa solidão lancinante

fazendo do silêncio
seu amante

quebrou-se-me o coração...

E convidei-a a entrar na minha casa
sem tapetes nem jardim.

As duas juntas somos mais fortes.

[Escrito a 30 de abril de 2018
ao som do vento.]

35

Perguntas ao vento

Porque se escrevem poemas?
Porque se ama sem ser amado?

Pendurei as perguntas que o vento me trouxe
na corda longa e esticada do quintal da minha avó.
Veio a chuva e com ela as respostas.

NADA É PARA SEMPRE!

[Escrito a 4 de julho de 2018
ao som da chuva espessa.]

Banho de chuva

Abro a janela grande da sala
deito-me no sofá
apago a luz e OIÇO.

Oiço a chuva espessa e contínua dar música ao meu
coração.

Chorámos as duas durante horas
de um choro sem tristeza nem alegria,
de um choro que vem de longe,
de muito longe.

Chorámos até que o silêncio da noite nos chamou
e nos embalou num sono profundo.

[Escrito a 1 de novembro de 2011
ao som de *The land of my dreams*, Anna Domino]

Clarividência

Pensar que existe uma terra que alberga os meus so-nhos e ter perdido as chaves.

Pensar que tu me amas e que esqueci o significado do verbo amar.

Pensar que há sempre uma saída mesmo quando esta tenha desaparecido no horizonte.

Pensar que escrevo sem pensar, que sou simplesmente empurrada pela vibração musical.

Deixo de pensar.

Sem pensar encontro as chaves.

Percebo que não me amas e que conheço o sentido do verbo amar.

Que a saída está mesmo à minha frente e ainda por cima elas são várias.

Deixo de pensar. E tudo se torna evidente, sem sequer procurar.

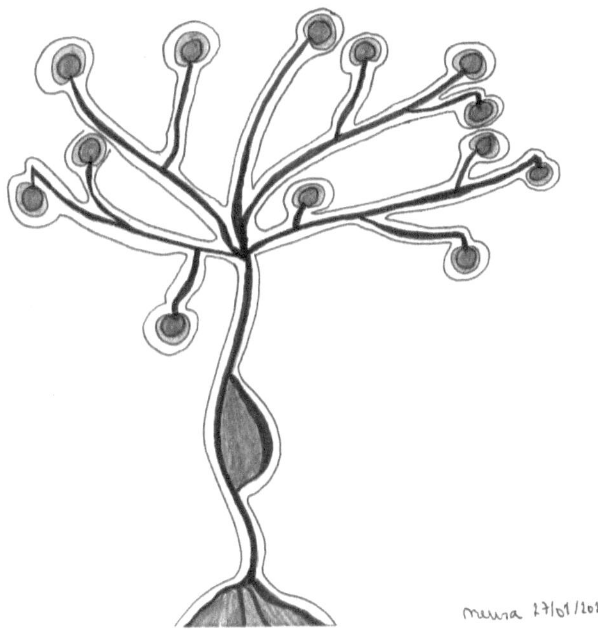

neusa 27/01/2021

CLARIVIDÊNCIA

PARTE II
DAS ALTURAS

CLARIVIDÊNCIA

[Nascido a 10 de julho de 2007
a caminho do Bom Jesus, Braga.]

Espontaneidade

Eu quero descobrir,
descobrir sempre
a cada dia uma flor,
uma árvore nova no jardim,
um sentimento dentro de mim
e o coração do outro.

[Nascido a 11 de agosto de 2008
na cidade do Porto.]

Saudades

Estou a sentir a tua falta.

As recordações, multiplico-as,
para que pareçam muitas.
Multiplico as vezes que nos vimos,
as vezes que nos tocamos.
Essa multiplicação
enche a caixinha de segredos
que guardo
debaixo da almofada.
Guardo também as lágrimas
que me percorreram o rosto,
que não são de mágoa,
mas de saudade.
Às vezes sinto-me assim,
sensível,
só o teu abraço entenderia
o que sinto cá dentro.

Se deixasses o teu coração falar
talvez ele te pudesse explicar...

Sinto a tua falta!
Sinto a tua falta!
Sinto a tua falta...

Escrevo para diluir o que sinto,
para a tristeza se evaporar
e se misturar com o ar circundante.

Que o vento sopre e
te poise na pele, por momentos,
o que sente o meu coração.

[Nascido a 7 de abril de 2010
do encontro do céu com a terra.]

Criação da manhã

Debaixo das estrelas chorei
as lágrimas esquecidas dentro de mim.
Assim nasceu a manhã.

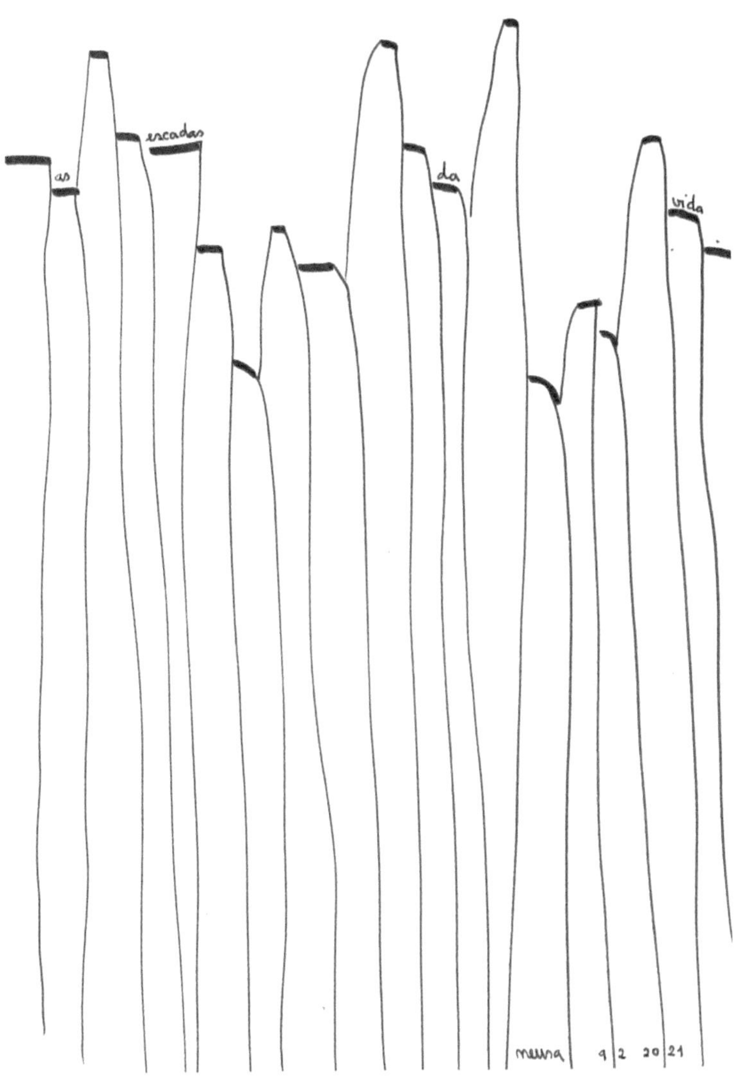
as
escadas
da
vida
neusa 9 2 20 21

[Nascido a 10 de julho de 2010
de uma lágrima.]

Aceitação

Dá-me a mão
pequeno sol,
estende-me esses raios de luz!
Não há limites
na aventura do amanhecer!
Pisa a terra
com teus pés pequeninos,
toca as raízes da Natureza!

Deixa-te estar...

Brotarão flores
a cada lágrima tua.

Não maldigas a tristeza
que te sopra no coração
mostra-lhe antes
o caminho da transformação.

[Nascido a 9 de junho de 2011
de uma conversa entre amantes.]

Simplicidade

O que me inspira
não é aquilo que tu
mostras ou dizes
de forma trabalhada

O que me inspira
é o que flutua
por detrás do Outono dos teus olhos

É o que germina sem algemas
no teu coração

É a linguagem não estudada
das tuas mãos.

neusa

[Nascido a 23 de setembro de 2011
das entranhas da terra.]

51

Existência concreta

Hoje não ergueste as mãos aos céus
Mas incrustaste-as na terra
Lembrando ao espírito
A tua existência concreta.

[Nascido a 15 de outubro de 2011
de um sonho.]

Lengalenga da Paz

Os ventos sopram
levando nas asas
a paz mundial.

Levando nas asas
os ventos sopram
o amor incondicional.

[Nascido a 9 de dezembro de 2011
da vontade de Deus.]

Rir do interior

Soltavam gargalhadas
do fundo do mar
e espalhavam-nas na areia
ainda quente
do dia longo, dito ardente.

Gargalhadas frescas
sem penas nem pesares.

Gargalhadas livres
do fundo do mar.

[Nascido a 25 de abril de 2012
de uma tarde de outono!]

Mensagens coloridas

Da árvore pendiam
    mensagens coloridas
        que as crianças colhiam

            em bicos de pés.

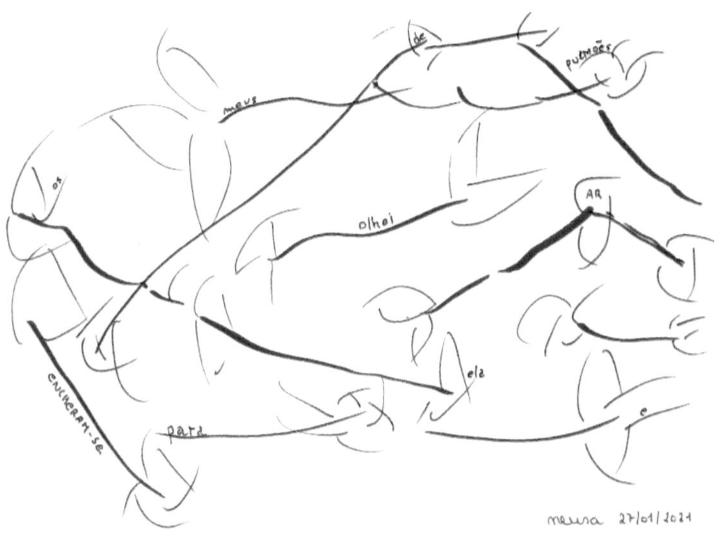
de
pulmões
meus
os
AR
olhei
ela
e
enxeram-se
para
neusa 27/01/2021

CLARIVIDÊNCIA

56

[Nascido a 25 de junho de 2013
das mãos de um jardineiro.]

Eclosão

Há alguém
conhecido de ninguém
que cultiva,
no segredo do seu ser arrecadado,
jardins de palavras.

Faz crescer lírios de poesia
em vasos de papel;
puxa árvores de magia
duma terra embebida em mel.

Quem da sua terra
provou os frutos

(nascidos da união entre a
força da Natureza e
do Amor iluminado)

viu nascer o dia em plena noite
viu montanhas àbraçar oceanos
viu corações despirem-se
dos espinhos e rasgos passados.

Viu-se desabrochar.

[Nascido a 19 de julho de 2013
de mãe solteira e parto natural.]

Ouvido no coração

Sem que me chames
ouvi-te chamar por mim.
Sem que me peças
abracei-te contra mim.

Tenho um ouvido no coração.

[Nascido a 24 de novembro de 2013
das brincadeiras da minha infância.]

Caixas de fósforos (fúnebres)

Quando era criança
não brincava às bonecas
transformava caixas de fósforos
em sepulturas para animais

E junto
enterrava
as tristezas inexplicáveis
da existência humana.

[Nascido a 8 de dezembro de 2013
da vontade de cantar.]

Cântico existencial

Canto, cantando
poeticamente me espanto
humanamente desperto.

É como se a voz subisse aos céus
me acariciando as entranhas, na terra.

Canto e
me encanto
da Vida.

[Nascido a 21 de março de 2014
de uma árvore em flor.]

Poema de Primavera

Era bela a vida
vestida de poesia e de flores
na doce manhã de Primavera.

As dores escondiam-se
na asa materna da paisagem em rebento
e as lágrimas secavam estendidas ao sol.

[Nascido a 27 de maio de 2014
de um raio de sol.]

Verso com rima

Verso com rima
    rima com cor
Faz-me um poema
    ó meu amor!

[Nascido a 26 de abril de 2017
do medo de casar.]

Casamento

Dar o nó
rima com dó

[angústia]

Dar o nó
rima com só

[angústia]

E casar?

Rima com gostar
        amar
        apreciar
        admirar
        respeitar.

[a angústia dilui-se lentamente].

[Nascido a 31 de maio de 2017
de uma certeza.]

Voz do SER

Tenho coisas para dizer ao mundo,
Serão importantes?
São muito importantes!
A voz de cada SER

        é sagrada.

[Nascido a 6 de dezembro de 2017
de uma revelação.]

Premonição

Jardim secreto de rosas
no vale da montanha sagrada:
leito de vida e de morte.

Ali nascerás.
Ali morrerás.

[Nascido a 30 de abril de 2018
de uma romã.]

Romã, romãzeira

A poesia nasce de uma romãzeira,
os poemas das romãs.

Numa romã
concentram-se poemas que
pacientemente
esperam a sua aparição no mundo.

Nascem da terra,
colhem-se das árvores.

Dão alma a quem os come.

neusa

[Nascido a 2 de maio de 2018
de uma ventania.]

Cabelos ao vento

Os meus cabelos são bonitos ao vento

Finos fios escrevendo

poesia em movimento

68

neusa

FIM

ÍNDICE REMISSIVO

CLARIVIDÊNCIA

74

SOBRE A AUTORA

Neusa, de apelido Veloso, nasceu em Ponte da Barca, Portugal, a 20 de fevereiro de 1982.
É formada em Psicologia pela Universidade do Minho, Braga.
Ao longo da sua vida viveu em Quarteira, onde passou a sua pré-adolescência, e nas cidades de Perugia e de Pádua, em Itália, onde estudou durante um ano.

Em 2010 escolheu Lyon, França, como novo destino. Aí reside e trabalha atualmente, na área de desenvolvimento social e local, adicionalmente dá aulas de Português Língua Não Materna.

Poemas publicados:

Estrangeiro
Prémio Literário de Poesia Valdeck Almeida de Jesus, Giz Editorial, Brasil, 2011.

Escrever
Mangwana – Agenda Poética 2017, CEMD Edições, Portugal, 2016.

Poesia=Ser humano
Mangwana – Agenda Poética 2018, CEMD Edições, Portugal, 2017.

Premonição e *Poesia estranha*
Rio dos Bons Sinais – Antologia Universal Lusófona 2018, CEMD Edições, Portugal, 2018.

Poema recosido
Antologia de Poesia Portuguesa Contemporânea, Vol.X - "Entre o Sono e o Sonho", Chiado Books, Portugal, 2018.

Incompletude e *A melancolia no regaço*
Antologia Templo das Palavras, CEMD Edições, Portugal, 2018.

Rir do interior e *Corda sagrada*
Poemário 2019, Pastelaria Studios Editora Portugal, 2019.

76

TÍTULOS DA COLEÇÃO POETAS LIVRES

JÁ PUBLICADOS

Clarividência
(Vol. Um)
Neusa

A PUBLICAR

Maternidade
(…)
Luiz Machado

TÍTULOS DA SÉRIE GRANDES AUTORES

JÁ PUBLICADOS

Um Pequeno Mal Por Um Grande Bem
Série Grandes Autores (I)
Voltaire
Tradução: Philipe Pharo da Costa | Fabiana Ribeiro

O Gato Preto
Série Grandes Autores (II)
Edgar Allan Poe
Tradução: Philipe Pharo da Costa

A Dama Com O Cão
Série Grandes Autores (IV)
Anton Tchékhov
Tradução: Philipe Pharo da Costa

A PUBLICAR BREVEMENTE

Manifesto do Partido Comunista
Série Grandes Autores (III)
Karl Marx | Friedrich Engels
Tradução: Philipe Pharo da Costa

OUTROS TÍTULOS PUBLICADOS PELA CONTRAATIRCSE

Livro dos Poemas de Fruto Proibido
do Doutor Armando do Sal
e Outros Textos Neoexperimentais
Philipe Pharo da Costa

As Meias do Poeta Victor Nuno de Menezes
e Outros Fragmentos Físico-Teóricos
Philipe Pharo da Costa

Me and The World: Poetry and Fragments
(Bilingual Edition Portuguese-English)
(2ª Edição)
Philipe Pharo da Costa

De Moi Vers Le Monde
(Édition Bilingue Portugais-Français)
(2ª Edição)
Philipe Pharo da Costa

Este Aparelho Deve Ser Instalado
Por Pessoas Competentes (Primeiro Manual)
(2ª Edição)
Philipe Pharo da Costa

Contos Oblíquos
Philipe Pharo da Costa

A PUBLICAR BREVEMENTE

Outras Mulheres
Philipe Pharo da Costa

TÍTULOS DA COLEÇÃO X MARAVILHAS DE JACK LONDON

JÁ PUBLICADOS

Emil Gluck: O Pior Inimigo do Mundo
Vol. I (3ª Edição)
Jack London
Tradução: Philipe Pharo da Costa

Uma Invasão Sem Precedentes
Ou: A Guerra de Jacobus Laningdale
Vol. II (2ª Edição)
Jack London
Tradução: Philipe Pharo da Costa

O Conto das Mil Mortes
Ou: O Navio da Tortura
Vol. III (2ª Edição)
Jack London
Tradução: Philipe Pharo da Costa

O Pagão
Vol. IV (2ª Edição)
Jack London
Tradução: Philipe Pharo da Costa

O Vermelho
Vol. V
Jack London
Tradução: Philipe Pharo da Costa

A PUBLICAR BREVEMENTE:

(a definir)
Vol. VI
Jack London

NOTA BREVE

A Contra Escrita inicia, com este livro de Neusa, a sua coleção de poesia "Poetas Livres". Esta coleção insere-se no projeto inicial da Contra Escrita no qual se pretende dar voz a poetas e poetisas desconhecidos do grande público.

9 789898 954721 47